Les Farfadets

par H. GELIN

LIGUGÉ
BIBLIOTHÈQUE DU " PAYS POITEVIN "
1900

Phot. C. Gabillaud.

Rochers de Pyrome, commune de La Chapelle-Largeau (Deux-Sèvres),
hantés par les fadets.

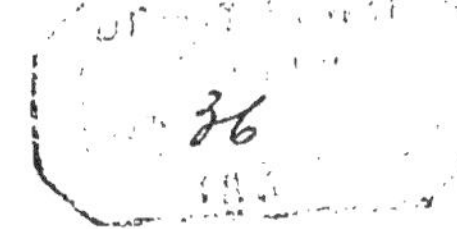

Les Farfadets

par H. GELIN

LIGUGÉ

BIBLIOTHÈQUE DU " PAYS POITEVIN "

1900

Les Farfadets

Qu'étaient, au juste, les farfadets? A quelle place doit-on les ranger dans la série des êtres fantastiques, et comment les différencier d'avec les fées, galipotes, bigournes, malets et autres fantômes issus de l'imagination populaire ?

On conviendra qu'il est assez malaisé d'assigner à des êtres irréels une définition rigoureuse, et de déterminer leur figure avec la précision applicable aux créatures de chair et d'os, palpées, vues, scalpées et étudiées à loisir. Mais la faculté dont parle Georges Sand, et qui permet aux gens simples et incultes de « voir par les yeux du corps les fantômes de l'esprit[1] », fait apparaître dans leurs récits un certain nombre de types bien distinct.

Ainsi la *fée* avait, de tous points, apparence de femme, sauf en ce qui concerne Mélusine, dont les jambes s'enroulaient ensemble et se contournaient à la façon d'une queue de serpent. La *galipote* revêtait toujours la forme d'un animal connu, chien, loup, chèvre, bouc, porc ou biche, momentanément animé par l'âme d'un sorcier[2], et c'est en particulier quand il s'agissait d'une bête cornue qu'on la qualifiait de *bigourne*. Le *cheval-malet* était un cheval comme un autre, à part des ricanements humains et la déplorable manie de lancer son cavalier sur la margelle d'un puits ou dans les précipices.

Quant aux *fadets*, ou *farfadets*, les gens de nos campagnes

---

1. Préface, page x, des *Légendes du Centre de la France*, par Laisnel de La Salle (1875).

2. J'ai tenté, dans une étude sur les *Légendes de Sorcellerie*, de grouper certaines données indiquant la façon dont s'effectuaient, selon les croyances populaires, la transmutation des corps et le dédoublement de la personnalité entre sorciers et galipotes.

poitevines se les représentaient sous la figure de très petits hommes, noirs, difformes et velus, qui habitaient pendant le jour les cavernes, et la nuit fréquentaient la demeure des hommes. Généralement leurs relations avec ceux-ci se bornaient à des espiègleries ; mais, à l'égard des femmes, ils se montraient volontiers serviables, ou même galants à l'excès.

Si l'on essaie de trouver une origine scientifique à la conception des farfadets, il semble qu'il faille nécessairement remonter aux races préhistoriques des troglodytes, races vaincues, mais qui persistèrent pendant des siècles au fond des cavernes, fort peu mêlées aux populations nouvelles, hôtes des huttes et des maisons. Nos récits et légendes ne seraient ainsi que la survivance des souvenirs laissés par cette antique cohabitation du même sol par deux races superposées.

* *
*

Les folkloristes ont retrouvé un peu partout les farfadets dans notre région de Poitou, Saintonge et Aunis.

La Fontenelle de Vaudoré (1830?) se contente de parler de *lutins* qui emmêlent, la nuit, les crinières des chevaux, et il ajoute qu'il ne faut pas « défaire leur ouvrage », car « l'animal en souffrirait ».

Benjamin Fillon, à la suite d'une *Histoire de Guillery*, publiée en 1848, signale leur présence au village de la Fosse, commune de Mouilleron-en-Pareds (Vendée) ; et la *Revue des Provinces de l'Ouest* (1853), qui reproduit son récit, ajoute en note que « les farfadets vendéens habitent les souterrains des anciens châteaux », ainsi que des « cavernes impénétrables, où ils entassent leurs trésors ».

M. Léo Desaivre a retrouvé le souvenir des farfadets dans les Deux-Sèvres, à Echiré, Surin, Saint-Marc-la-Lande, Verruyes (*Le Monde fantastique*, 1882), et, plus récemment, à Saint-Pompain (*Revue des Traditions populaires*, 1898. Ils y hantent les cavernes, pénètrent la nuit dans les maisons par le tuyau de la cheminée, montent les chevaux dans les pâturages, jusqu'à les exténuer, mêlent leurs crins dans les écuries, mangent la crème des ménagères bercent les enfants. — Une caverne spacieuse de la ferme de l'Herbaudière, commune de Verruyes, porte encore le nom de *Roche aux Fadets*.

Dans son livre sur *La Charente-Inférieure avant l'histoire et dans la Légende*, 1845, M. Georges Musset attribue aux fadets quelques taquineries et méchants tours : ils jettent le trouble dans l'écurie, bouleversent les légumes des *mottes*, nouent la nuit la longue chevelure des jeunes filles. Il signale des « trous de fadets », à Montlieu, à Saint-Palais de Nérignac, et dit que la Motte-à-Fadet, commune de Dolus, dans l'île d'Oléron, « a la réputation d'un lieu hanté par les fantômes ».

En Saintonge, l'abbé Noguès (*Mœurs populaires d'autrefois*, 1890) constate, sans préciser aucune localité, que les farfadets « étaient de petits esprits plus folâtres que méchants, qui se complaisaient à cacher l'outil du travailleur, la béquille des impotents, à égarer les *broches* des tricoteuses ou l'aiguille des couturières, à casser le fil ou la laine et brouiller l'écheveau des fileuses ».

La Combe-aux-Fois[1], sorte de dépression située dans la dune de la Côte sauvage, près d'Ars-en Ré, a été signalée par M. Daniel Bellet (*Revue des Traditions populaires*, 1890), comme un lieu de refuge des fadets, appelés fois dans l'île de Ré, et qui occupaient les substructions d'un ancien village englouti par les sables mouvants. De là, les fois, comme nos farfadets, se rendaient, pendant les veillées, dans les habitations, où ils taquinaient les fileuses.

M. Léon Pineau (*Folklore du Poitou*, 1892) a signalé les farfadets à Biare, village situé en face de Moussac, dans les grottes préhistoriques de Lussac-les-Châteaux[2] et sur maints autres points de la vallée de la Vienne. Les habitants les considéraient comme « des espèces de sauvages », noirs, pas jolis, « qui demeuraient dans les rochers ». Ils en sortaient la nuit, conduisant aux champs les brebis de certaines fermes, sans jamais en égarer aucune. Leurs femelles, ou fadettes, étaient quelquefois accusées de substituer leurs petits à des enfants au berceau ; mais il suffisait alors de porter le petit fadet à l'entrée des cavernes et de le faire crier en le pinçant : la fadette rendait aussitôt l'enfant à la vraie mère, et reprenait le sien.

M. C. Puichaud a raconté (conférence reproduite par la *Tradition populaire en Poitou*, 1896) que les farfadets habitèrent longtemps à la Boulardière, commune de Terves (Deux-Sèvres), dans des souterrains qu'eux-mêmes avaient creusés, et d'où ils sortaient la nuit.

Enfin, M. Alexandre Bertrand rapporte, dans la *Religion des Gaulois* (1897), le fait suivant, qu'il tient d'une correspondante originaire de la Saintonge : les jeunes gens qui se sont laissé

---

1. M. Daniel Bellet appelle cette dépression la *Combe-à-l'Eau* ; mais M. Giraudeau, professeur de dessin à Niort, originaire d'Ars-en-Ré, m'affirme qu'elle est bien plus connue sous le nom de *Combe-aux-Fois*.

2. « Il y a, près de Lussac-les-Châteaux, la *Grotte aux Fadets*, où l'on a trouvé des silex et des os travaillés. »

brûler en sautant au milieu du feu de la saint Jean deviennent
l'objet de la « poursuite des fadets » et souvent — ce qui est
particulièrement grave — « se voient abandonnés par leurs
fiancées ».

J'ai poursuivi, personnellement, une sorte d'enquête, qui m'a
permis de relever sur d'autres points encore la trace des farfadets.

On verra plus loin un conte où ils jouent un rôle très inté-
ressant et que je dois à une personne originaire de Saint-Geor-
ges-de-Noismé (Deux-Sèvres).

M. Rousseau, instituteur, m'a fait connaître que les galeries
d'extraction d'une veine de pierre calcaire, enclavée dans les
lines (schistes) entre la Roche-Marot et Puy-Monnier, commune
de La Boissière-en-Gâtine, sont encore considérées par les habitants comme des creux de fadets » ; et l'on se représente ces
fadets sous les traits d'hommes très petits, très laids, très velus,
qui allaient, le soir, lutiner les veilleuses, coupant leur fil,
cachant leurs fuseaux, tirant leur coiffe ou leurs jupes. — « Il y
en a un qui est resté longtemps après la disparition des autres. »

A La Chapelle-Largeau (Deux-Sèvres), ils continuent de garder,
au milieu des beaux rochers de quartz blanc de Pyrome (voir re-
production photographique), un trésor caché sous un énorme
bloc, qui se soulève à minuit sonnant, la veille de Noël. A ce
moment l'or est offert aux libres convoitises de ceux qui con-
sentent à « céder leur part de paradis ». M. C. Normandin a
consacré aux fadets, dans le *Bulletin de l'Académie des Muses
santones*, de 1899, une pièce de vers, d'où nous nous faisons
un plaisir de détacher le passage suivant :

> Dans les Avents, par les nuits sombres,
> A Pyrome on entend souvent
> Des cris plaintifs ; on voit des ombres
> Errer, lorque mugit le vent.
> Puis, quand vient l'heure solennelle,
> Pendant la messe de minuit,
> Un farfadet fait sentinelle,
> Et disparaît quand le jour luit.
> Il garde, nous dit la légende,
> De l'or, dans ce maigre pâtis,
> Et cet or, il faut qu'il le vende
> Pour quelques parts de paradis...

Ces mêmes farfadets de Pyrome, nous écrit M. Gabillaud,
instituteur à Moulins (Deux-Sèvres, s'en vont rôder dans toute
la région voisine. On les rencontre quelquefois près d'une fontaine située au pied des rochers. Vers la nuit tombante, ils

vont se poser au faîte des cheminées, laissant tomber dans la friture des ménagères quelques flocons de suie et autres incongruités ; puis, vers la fin de la veillée, quand les hommes sont couchés et endormis, ils se glissent auprès des fileuses, agaçant celles qui sont vieilles ou laides, et contant volontiers fleurette aux plus jolies.

*
*

Au retour de la veillée

Il y a cinquante années à peine, les femmes de la vallée de la Sèvre se réunissaient le soir, pour filer et tricoter, dans les *roches* ou cavernes produites par l'extraction souterraine de la pierre à bâtir. Elles recherchaient ces endroits à cause de leur douce température, qui dispensait d'entretenir du feu. Elles s'y rendaient, après le souper[1], des hameaux voisins, la quenouille au côté, garnie de fin brin ou d'étoupe de chanvre. Une épaisse cape (mante), faite de serge ou de boulanger, les gardait du froid, et elles tenaient sous leur bras un chauffe-pieds bien braisé au départ. S'il n'y avait pas de lune, celle qui guidait la marche portait un brandon allumé, fait d'une tige de bouillon-blanc imprégnée d'huile de noix. On plantait où l'on pouvait dans les parois de la roche une *lioube* munie de sa chandelle de résine, ou bien l'on s'éclairait d'un *charail* ; puis fileuses et tricoteuses s'asseyaient en rond sur des selles formées de moëllons plats superposés. Tout en besognant, on laissait les langues aller leur train. On se contait, avec des commentaires d'où l'indulgence et la charité étaient le plus souvent bannies, les petites histoires du village ; on causait aussi de la vache, du goret, des poules, du prix du beurre au dernier marché, des jolies filles et de leurs galants, des prochains mariages, de la maladie de celui-ci, du sort qui avait été jeté sur les bêtes de celui-là. Les jeunes gars arrivaient bientôt, vers l'heure où les filles, après un nombre raisonnable de fuseaux remplis, avaient gagné le droit de danser quelques rondes, branles et avant-deux. Les danses étaient coupées de quelques vieux refrains, de contes, d'horrifiques aventures où l'évocation des galipotes, des chevaux-malets, de la chasse-gallery, des farfadets, faisait passer des frissons sur tout l'auditoire.

Précisément, les farfadets, hôtes habituels des cavernes, dérangés par cette cohue bruyante qui envahissait leur domaine,

---

1. Bien qu'on mange la soupe à tous les repas, c'est celui du soir qui porte le nom de *souper*.

se vengeaient par maints tours de leur façon. Dans la demi-obscurité où grouillait l'ombre des fileuses, ils égaraient les fusées, brouillaient le fil, glissaient dans une fissure l'aiguille à tricoter de quelque veilleuse assoupie, ou même se permettaient de *tuer*[1] malicieusement le charail.

Un soir — ceci se passait près des bords de l'Egray, aux environs de 1850, — les veilleuses avait quitté, vers minuit, la *roche* pour rentrer au village. Après le passage d'un pont, elles venaient de s'engager dans un chemin creux, quand tout à coup elles furent terrorisées par un vacarme épouvantable. Un chariot aux roues grinçantes, traîné par les farfadets, remontait la côte avec une rapidité vertigineuse. Les veilleuses se blottirent les unes contre les autres, demi-mortes de frayeur. Mais l'une d'elles s'avisa de faire le signe de la croix, et aussitôt farfadets et chariots bondirent et disparurent dans les vignes qui dominaient le chemin creux. Une fois rentrées à la maison, les femmes racontèrent à leurs maris ce qui venait de se passer, et ceux-ci, pour en avoir le cœur net, se rendirent le lendemain, dès la pointe du jour, au lieu indiqué ; mais le chariot infernal n'avait pas laissé de traces sur le sol.

(D'après A. Girault, originaire de Germond, Deux-Sèvres.)

*
* *

Les farfadets galants. — Mémême

L'histoire du farfadet galant avec les dames et plaisamment châtié par un mari jaloux est partout identique à elle-même, quant au fond ; mais elle varie assez dans les détails pour que nous croyions utile de relater ici des versions différentes.

Germanette[2], belle jeune femme blonde du village de la Fosse, paroisse de Mouilleron-en-Pareds (Vendée), allait remplir sa *bie* (buire) à la fontaine, quand elle fut aperçue par un farfadet qui en devint éperdument amoureux. Le soir même, à l'heure où le mari s'est déjà endormi, il s'en va chanter à la porte de la belle. Celle-ci, mue par la curiosité, entre-bâille l'huis timidement ; le farfadet se précipite aussitôt dans la maison et va se *culrer* (s'accroupir) sur le trépied de fer du foyer, ne disant mot, mais suivant d'un regard attentif tout ce que fait Germanette.

---

1. On dit *avier* pour allumer, et *tuer* pour éteindre, en parlant du feu ou d'un luminaire quelconque.

2. Ceci est le résumé du récit publié en patois vendéen par Benjamin Fillon, à la suite de son *Histoire de Guillery* (1848).

Peu à peu il s'enhardit, se met à attiser le feu, *mouche* le charail, berce le bébé; et. à minuit, il s'évade discrètement par le trou de la serrure. Le lendemain, puis chaque soir, pendant huit semaines, il recommence son petit manège.

Germanette finit par s'inquiéter des allures de son visiteur, qui, chaque fois, s'approchait davantage. en dardant sur elle des regards pleins de convoitise. Elle prévint son homme, qui se promit bien de tirer de l'amoureux une vengeance éclatante. « Tu vas, dit-il à sa femme, te coucher à ma place; moi, je filerai à la tienne. » Et il se glisse dans un jupon, pose un *bourgnon* sur sa tête, une *pièce* sur sa poitrine, une devantière sur ses genoux, puis, tant mal que bien, fait tourner le fuseau. Quand le lutin arrive, à l'heure accoutumée, il ne reconnaît point le doux visage de Germanette. Au lieu de rester sur le trépied, il grimpe le long de la crémaillère, et on l'entend, dans la cheminée, chanter ainsi :

> File, filoches [2],
> Rin ne voidoches.
> O n'est point la belle d'har ser (d'hier au soir)
> Qui voidochait ses trois fusées.

Le lendemain, Germanette dormait encore, et son homme « voidochait » à sa place. Le farfadet, comme d'habitude, vint se poser sur le trépied. Mais celui-ci avait été traîtreusement chauffé au rouge. Le pauvre lutin, brûlé cruellement, se mit à braire et à gémir, et disparut dans le tuyau de la cheminée.

Jamais plus on ne le revit.

C'est également sur un trépied rougi par la lente cuisson de la fressure que les gars de la Boulardière (récit de M. Puichaud, *loc. cit.*) font asseoir le fadet, qui disparaît brusquement en criant : C... brûlé! c... brûlé !

Le narrateur ne dit pas que cela advint comme conclusion d'une histoire amoureuse.

La chose est cependant vraisemblable, car nous trouvons l'aventure ainsi terminée à peu près partout.

2. Le refrain que les fois d'Ars-en-Ré chantaient est un peu différent, sans être, pour cela, plus facilement intelligible. Voici comment il a été transcrit par M. Bellet (*loc. cit.*) :

> File, file, reine d'Yvouille,
> File ta quenouille,
> Ce n'est pas comme la belle d'hier soir
> La belle d'Arthée
> Qui a filé sept fusées avant d'aller se coucher.

Bien que M. Bellet n'en dise rien, ce chant doit s'appliquer, comme celui de Mouilleron, au mari qui s'est substitué à sa femme et dont la main maladroite restera loin de compte avec les sept fusées de la veille.

Une femme des environs de Moulins (Deux-Sèvres), nommée Nérette (récit de M. Gabillaud) se vengea aussi des fadets qui lui volaient ses pommes et gâtaient sa fricassée, en les faisant asseoir sur des chaufferettes pleines de braise. Il semble qu'il n'y ait là encore qu'une version tronquée.

A la Boissière-en-Gâtine (récit de M. Rousseau, une fileuse, fatiguée des obsessions d'un fadet, s'en débarrasse en lui écrasant le gros orteil d'un violent coup de son fuseau.

Nous trouvons à Echiré (récit du docteur Ricochon), à Germond (récit de Ant. Girault), à la Boissière-en-Gâtine (récit de M. Rousseau), une même histoire de farfadet galant, qui diffère fort peu de celle de Mouilleron-en-Pareds. Le farfadet n'y murmure aucun refrain. Mais il a poussé la familiarité avec sa belle jusqu'à lui demander son nom. Elle a dit s'appeler *Mémême* — c'est-à-dire : Moi-même. Et ç'est elle-même qui se charge de corriger le lutin, devenu trop entreprenant. Pour cela, elle lui applique sur le derrière sa pelle à feu, préalablement rougie — d'autres disent remplie de braise. Le farfadet se sauve, en poussant les hauts cris. D'autres farfadets arrivent, tout prêts à le secourir. « Qui t'a fait cela? disent-ils. — Ol est *Mémême*. — Eh bien! si c'est toi-même, guéris-toi toi-même[1]. »

Ces histoires de lutins brûlés ne sont pas particulières à notre région. M. Sébillot, dans ses *Légendes du Pays de Paimpol* (1894), raconte l'histoire d'un lutin qu'une jeune fille, en allant puiser de l'eau, aperçut, posé sur un caillou, dans l'excavation pratiquée près de la margelle afin d'y poser le seau.

— Qu'est-ce que tu fais là toi ? lui dit-elle.

Et le lutin répéta :

— Qu'est-ce que tu fais là, toi ?

— Je parie que tu ne viendras pas là, demain soir, ajouta-t-elle.

— Je parie, répéta le lutin, que tu ne viendras pas là, demain soir.

Dans l'après-midi suivante, la jeune fille, qui cuisait des crêpes, alla prendre le caillou du puits, l'introduisit dans son foyer, et, quand il fut brûlant, le replaça dans le trou.

Le fadet, sans défiance, vint s'asseoir dessus, et, se sentant brûlé, il s'enfuit en criant :

Tom, tom, tom é vilien
Ha noz en Kervilguen.

(Chaud, chaud, chaud est le caillou le soir à Kervilguen.)

---

1. Cette phase du récit a tout l'air d'une réminiscence classique. Est-ce un lettré qui a introduit dans notre légende la réponse de Polyphème, à qui

*
* *

Ricordon

Parmi les fadets poitevins il s'en trouve dont la spécialité
paraît avoir été de bluter la farine de la ménagère. Je tiens de
feu Prével, médecin au Busseau, qui sans doute l'avait recueilli
dans cette localité, le petit chant suivant, où l'un de ces fadets
se fait connaître sous le nom de Ricordon. Ce chant est établi
sur un rythme saccadé, qui rend assez bien les monotones batte-
ments du bouliteau au blutoir. Il présente, en outre, la plus
grande analogie avec un autre chant de fadet, qu'on trouvera
dans le conte de Ripopet-Barabas, et peut-être n'est-il lui-même
qu'une épave d'un conte du même genre.

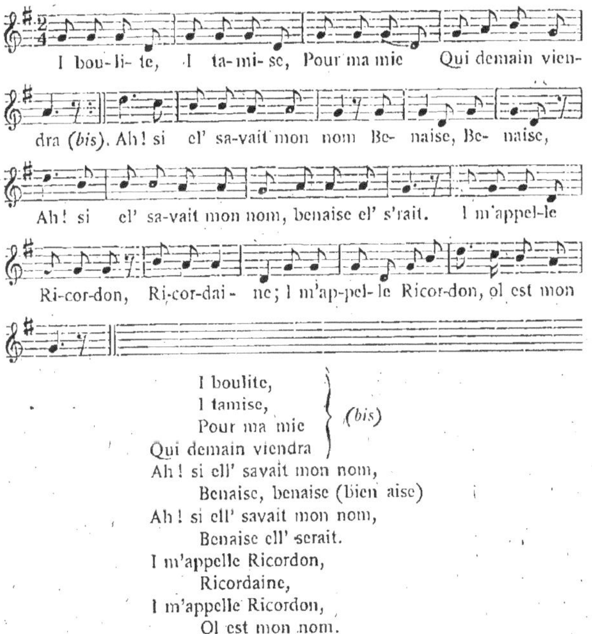

I boulite,
I tamise,
Pour ma mie } (bis)
Qui demain viendra
Ah ! si ell' savait mon nom,
Benaise, benaise (bien aise)
Ah ! si ell' savait mon nom,
Benaise ell' serait.
I m'appelle Ricordon,
Ricordaine,
I m'appelle Ricordon,
Ol est mon nom.

Ulysse, avant de lui crever l'œil, a dit qu'il se nommait Personne ? Ou bien les
deux légendes se sont-elles emparées du même jeu de mots, antérieur à l'une
et à l'autre ? C'est ce que nous ne saurions décider.

*
* *

Ripopet-Barabas

(D'après Mme Conscience, originaire de Saint-Georges-de-Noisné
Deux-Sèvres.)

Il était une fois une bergerette, du nom de Louison.

Sa mère l'envoya porter une pile de crêpes à ses frères, qui travaillaient aux champs.

Chemin faisant, Louison prit une des crêpes, la replia deux fois sur elle-même, comme un mouchoir de cou, et se mit à mordre sur les bords, au milieu, partout, laissant la trace arrondie de ses dents blanches et bien rangées. Puis elle déploya la crêpe et demeura toute ravie des beaux dessins ajourés qu'elle venait de former.

Elle s'amusait à regarder le soleil à travers les trous, quand le fils du Roi passa près d'elle. Il lui demanda qui avait fait cette charmante dentelle, Louison ne répondit rien ; elle rougit jusqu'aux oreilles et baissa ses grands yeux. Le Prince ne se lassait pas de la regarder, tant il la trouvait avenante.

« Si tu veux venir au château, lui dit-il, tu feras des broderies avec les dentelières de la Reine, ma mère. »

Louison avait bien envie de dire qu'elle n'était pas si habile qu'on le croyait, et que si elle avait changé sa crêpe en une si jolie dentelle, c'était bien sans le faire exprès. Mais elle n'osa pas, et se laissa entraîner.

Une fois arrivée au château, elle était très embarrassée pour dire qu'elle ne savait pas broder ; et elle se mit à pleurer jour et nuit. Un soir qu'elle se désolait plus fort que d'habitude, un lutin, qu'elle prit pour le diable, lui apparut dans sa chambre.

Elle fut d'abord saisie de frayeur, et se prit à trembler de tous ses membres. Mais le lutin la rassura. « Ecoute, lui dit-elle, je m'appelle Ripopet-Barabas. Si tu veux promettre de te donner à moi dans un an, tu sauras broder mieux que personne au monde. »

Ces paroles rendirent Louison fort perplexe et ennuyée. Le lutin lui faisait grand peur, mais elle aurait bien voulu savoir broder, afin d'être agréable au Prince, qui s'était montré si bon pour elle. Comme elle ne répondait pas, le lutin ajouta : « Tu es une bonne fille, et je ne veux pas te contrarier. Je sais mieux que toi ce qui se passe dans ton petit cœur. Dès demain tu seras la plus habile des dentelières de la Reine. Je ne reviendrai ici que dans un an, à pareil jour ; mais si tu as oublié mon nom, tu m'appartiendras et je t'emmènerai. » Puis le lutin disparut.

L'année était près de finir, et Louison brodait comme une fée. Ses ouvrages faisaient l'admiration de tout le monde. La Reine l'aimait beaucoup. Quant au jeune prince, il venait souvent près d'elle, ne se lassant pas de voir ni son travail ni son visage ; et elle, de son côté, prenait plaisir à ses propos.

Mais à mesure que le dernier mois s'écoulait, elle appréhendait plus vivement la visite du lutin, car elle avait tout à fait oublié son nom. Elle conçut même tant de chagrin, à la pensée d'appartenir au diable, qu'elle en tomba gravement malade et faillit mourir. La Reine fit venir ses plus savants médecins, mais aucun d'eux ne put la guérir. Or un jour, une vieille femme, qui savait des secrets pour toutes les maladies, annonça que Louison guérirait si on lui faisait boire un verre d'eau puisée à la fontaine qui coule au pied du château.

La Reine y envoya aussitôt une de ses servantes ; mais celle-ci s'amusa à regarder une troupe de farfadets, haut comme la main, qui montaient et descendaient le long des arbres, en chantant et poussant de petits cris. Inquiète de ne pas la voir revenir, la Reine descendit à son tour ; elle vit les farfadets et s'arrêta, elle aussi, à les regarder. Le fils du Roi les rejoignit bientôt. Mais comme personne ne s'en revenait au château, la malade, impatientée de ce long retard, qu'elle ne s'expliquait pas, sauta en bas de son lit et se rendit également à la fontaine. Elle s'arrêta à son tour pour écouter les farfadets. Or, voici la chanson qu'ils disaient, de leur petite voix flûtée :

> Je boulite,
> Je tamise,
> Je fais du pain
> Pour la belle qui viendra demain.
> Ah ! si la belle du château savait
> Que je m'appelle Ripopet,
> Mais elle ne sait pas
> Que je m'appelle Ripopet-Barabas.

En entendant prononcer le nom qu'elle avait oublié, Louison éprouva une joie si vive qu'elle fut incontinent guérie.

Le soir, le diable vint pour quérir sa proie. Mais Louison le regarda bien en face et lui dit fièrement :

« Va-t'en, Ripopet-Barabas. J'aime le fils du Roi, mais, toi, je je ne t'aime pas. »

Le diable, très courroucé, s'échappa par le tuyau de la cheminée, qu'il renversa de dépit.

Quelques semaines plus tard, la jolie dentelière recevait de la main du Prince l'anneau des fiançailles.

H. GELIN.

LIGUGÉ (Vienne)

IMPRIMERIE SAINT-MARTIN

M. BLUTÉ

Bibliothèque du « Pays Poitevin »

Brochures in-8 raisin, tirées à 100 ex., sur beau papier.

Ligugé, son Abbaye, son Pèlerinage, par Dom Basquin. — 8 p., 2 gr. 0 50

Notre-Dame de Fontaine-le-Comte, par l'abbé de Maussabert. — 16 p., 3 gr. . . . . 1 »»

Saint-Denis-de-Jaulnay, par l'abbé Métais. — 24 p., 3 gr. . . . . 1 »»

Mélusine, par C. Roy. — 20 p., 6 gr. 1 50

Le symbolisme architectural de la Cathédrale de Poitiers, par Mgr X. Barbier de Montault. — 12 p., 2 gr. 0 75

Les Conditeux, Oraison populaire notée. — 4 p. . . 0 25

Coiffes et Bijoux poitevins, par H. Gelin. — 24 p., 10 gr. . . . . 2 »»

Hymnographie poitevine. — I. Saint Hilaire, par Dom J. Parisot. — 32 p. 1 50

Légendes de sorcellerie, par H. Gelin, 11 p. ; air noté. 0 75

Les Oraisons populaires en Poitou, par H. Gelin. — 16 p. . . . . 1 »»

L'Industrie du Papier en Charente et son histoire, par P. Boissonnade. — 20 p. . . . . 1 »»

Le Seuil de Poitiers, par A. Potel. — 32 p., 10 gr. 1 50

Dom Fonteneau, historien du Poitou, par Dom Besse. — 36 p. 1 50

Saint-Etienne de Niort, par Gustave Boucher. — 20 p., 6 gr. . . . . 1 »»

Gilles de Rais, par J.-K. Huysmans. — Épuisé.

Éléonore Desmier d'Olbreuse, par P. Beauchet-Filleau. — 8 p., 2 gr. . . . . 1 »»

Le Marais poitevin, par H. Gelin. — 32 p., 7 g 1 50